Nicola Edwards Sarah Wilkins

WIR ALLE FÜR UNSERE ERDE

Von großer Schönheit
ist unser Planet –
doch wissen wir eigentlich,
wie es ihm geht?

Wer schützt die Wälder in all ihrer Pracht?

Wer gibt auf unsere Weltmeere acht?

Fangen wir an,

es ist gar nicht so schwer,

auch wenn wir uns fühlen

wie ein Tropfen

im Meer.

Doch jeder Tropfen,
der vom Himmel fällt,

verändert ein kleines bisschen die Welt.

Ein Mädchen aus Schweden fand:

So geht es **nicht**.

Wir müssen **handeln**, bevor alles **zerbricht**!

Sie schlug eine Welle von mir zu dir,

sie rief uns zu: Wer hilft, wenn nicht wir?

Am Nordpol ist
 der Wandel stark zu spüren:

  Wohin soll das Schmelzen
   der Eisberge führen?

Wir laufen durch Schnee, haben eines im Sinn:

Gemeinsam kriegen wir das sicherlich hin!

Das Leben im Meer ist wundervoll,
doch in Australien ist nichts mehr so,
wie es sein soll.

In Uganda regnet es seit Monaten nicht –

kein einziger Tropfen Wasser in Sicht.

Löwen und Zebras sind plötzlich ganz Ohr,

Die Korallen sterben, werden farblos und blass,

doch wir laufen los und ändern was!

Der Regenwald schwindet Stück für Stück, doch die Tiere wollen ihre Heimat zurück!

Wir warten nicht, bis kein **Baum** mehr **steht**, weil es hier um unsere **Zukunft** geht!

Wenn's flutartig regnet, als gäb's kein Morgen
und wir uns allein fühlen, voller Sorgen,

dann **helfen** wir uns, sind füreinander da,
niemand ist einsam, das ist doch **klar.**

In Tokio gibt's riesige Häuserblöcke,
auf die Dächer stellen wir **Bienenstöcke!**

Wir pflanzen auch Blumen,

ist das nicht schön?

Wir wollen die Bienen glücklich sehn!

Steht man bei uns in New York vor dem Haus,

fühlt man sich manchmal so klein wie 'ne Maus.

Oft trennt uns nur eine Scheibe aus Glas,

doch tun wir uns zusammen, dann bewegt sich was!

Wir trennen den Müll, fischen ihn aus dem Meer, wir alle zusammen – schaut doch nur her!

Über Delhi schwebt kein lieblicher Duft, denn Autofahren ist schlecht für die Luft.

Wir marschieren, wir singen,

wir trommeln voll Mut

und hören erst dann auf, wenn sich was tut!

Von großer Schönheit ist unser Planet,
doch er braucht unsre Hilfe,
damit er überlebt.

Und fühlst du dich manchmal auch noch so klein —
zusammen sind wir
stärker als einer allein.

Was bedeutet Klimawandel?

Die Erde erwärmt sich, weil immer mehr schädliche Treibhausgase wie Kohlendioxid und Methan in die Erdatmosphäre gelangen und diese erhitzen. Wir erzeugen Treibhausgase, wenn wir

 natürliche Bodenschätze verbrennen (Braunkohle, Steinkohle, Erdgas oder Erdöl), um Energie zu erzeugen.

 Bäume fällen, um aus ihrem Holz Dinge herzustellen oder es zu verbrennen.

 Tiere halten, um Fleisch, Eier und Milch zu gewinnen – es entsteht Methan.

Warum geht der Klimawandel uns alle etwas an?

 Schmelzen die Eisflächen, wird der Lebensraum vieler Tiere zerstört. Die Meeresspiegel steigen an und es kommt zu Überschwemmungen.

 Durch die Erderwärmung verändern sich die Jahreszeiten, was Probleme beim Ackerbau verursacht. Tiere finden nicht genug Nahrung.

 Extreme Wettererscheinungen wie Dürre oder Hurrikans sind ebenfalls eine Folge des Klimawandels.

Wenn der Planet sich weiter erwärmt, werden die Lebensbedingungen für Menschen, Tiere, Pflanzen immer bedrohlicher.